Naiem Ahmadinejadfarsangi

Gholamreza Langari Zadeh

Naiem Ahmadinejadfarsangi

Gholamreza Langari Zadeh

Mártir Road of Province

CREDO EDICIONES

Imprint
Any brand names and product names mentioned in this book are subject to trademark, brand or patent protection and are trademarks or registered trademarks of their respective holders. The use of brand names, product names, common names, trade names, product descriptions etc. even without a particular marking in this work is in no way to be construed to mean that such names may be regarded as unrestricted in respect of trademark and brand protection legislation and could thus be used by anyone.

Cover image: www.ingimage.com

Publisher:
CREDO EDICIONES
is a trademark of
Dodo Books Indian Ocean Ltd. and OmniScriptum S.R.L publishing group

120 High Road, East Finchley, London, N2 9ED, United Kingdom
Str. Armeneasca 28/1, office 1, Chisinau MD-2012, Republic of Moldova, Europe
Printed at: see last page
ISBN: 978-613-5-60832-8

Gholamreza Langari Zadeh

Mártir Road of Province

Naiem ahmadinejadfarsangi

Contents

"Fue el día del episodio.

Dios dividió la existencia.

Dios dijo: Pídeme algo.

Sea lo que sea, te lo daré.

Pide tu parte de la existencia porque Dios es muy indulgente.

Y el que venía pedía algo.

Uno tiene alas para saltar y el otro piernas para correr.

Uno quería un cuerpo grande y el otro quería ojos agudos.

Uno eligió el mar y el otro el cielo.

Mientras tanto, un pequeño gusano se adelantó y le dijo a Dios:

No quiero mucho de esta existencia, ni ojos agudos ni tamaño grande, ni alas ni piernas, ni el cielo ni el mar.

Dame solo un poco de ti, solo un poco de ti.

Y Dios le dio algo de luz.

Su nombre era Luciérnaga.

Dios dijo: El que tiene luz consigo es grande, aunque sea tan pequeño como una partícula.

Ahora eres el mismo sol que a veces se esconde bajo una pequeña hoja.

Y les dijo a los demás: ojalá supieran que este gusanito quería lo mejor.

Porque no se debe pedir a Dios sino a Dios...

Él ha estado brillando durante miles de años. Brilla en la falda de la existencia.

Cuando no hay estrella, la luz de la luciérnaga está encendida, y nadie sabe que esta es la misma luz que Dios le dio a un pequeño gusano..."

"Soñé que tenía una conversación con Dios.

Dios dijo: Entonces, ¿quieres hablar conmigo?

Dije: Si tienes tiempo.

Dios sonrió y dijo: Mi tiempo es eterno. ¿Qué preguntas tienes en mente que me quieras hacer?

Dije: ¿Qué es lo que más te sorprende de los humanos?

Dios respondió: Que se aburran de estar en la infancia.

Tienen prisa por crecer y luego extrañan su infancia.

Que gastan su salud para conseguir dinero y luego gastan su dinero para mantener su salud.

Que se olvida el tiempo presente preocupándose por el futuro.

Como ya no viven en el futuro ni en el presente.

Que vivan como si nunca fueran a morir y mueran como si nunca estuvieran vivos.

Dios tomó mis manos y ambos permanecimos en silencio por un rato.

Entonces pregunté: Como creador de los humanos, ¿qué lección quieres que aprendan de la vida?

Dios respondió con una sonrisa: Aprender que no se puede obligar a los demás a amar.

Pero puedes ser amado por otros.

Aprende que no es bueno compararte con los demás.

Aprende que rico no es el que tiene más bienes, sino el que menos necesita.

Aprender que en segundos podemos crear una herida profunda en el corazón de los que amamos y esa herida tardará años en sanar, para aprender a perdonar.

Aprender que hay quienes los aman profundamente pero no saben cómo expresar o demostrar sus sentimientos.

Aprender que dos personas pueden mirar el mismo tema y verlo de manera diferente.

Aprender que no siempre es suficiente que los demás los perdonen, sino que también deben perdonarse a sí mismos.

"Dicen que un chico estaba ocupado en casa.

Lo estropeó todo.

Cuando llegó el padre, la madre se quejó de él con su padre.

El padre, que estaba cansado y triste afuera, tomó el látigo.

El niño vio que hoy la situación está muy desordenada, todas las puertas están cerradas.

Cuando el padre levantó el látigo, el niño vio a dónde correr? ¡No hay escapatoria!

Se aferró al pecho de su padre.

El látigo también se soltó en la mano del padre y cayó.

Cada vez que veas que la situación es caótica, corre hacia Dios.

"El único sobreviviente de un naufragio fue llevado por la corriente a una isla remota.

Rezaba incansablemente a Dios para que lo salvara.

Pasó horas mirando el océano en busca de alguna señal de ayuda, pero no había nada.

Al final, se decepcionó y decidió construir una pequeña cabaña fuera de la playa para protegerse mejor a sí mismo y a sus pequeñas pertenencias.

Un día después de regresar de buscar comida, encontró su pequeña casa en llamas, el humo había subido al cielo, había pasado lo peor.

"Dios, ¿cómo pudiste hacerme esto?", gritó con ira y dolor.

A la mañana siguiente, se despertó con el sonido de un barco que se acercaba a la isla para rescatarlo.

"¿Cómo sabían que estaba aquí?", preguntó el hombre a sus rescatistas.

Ellos respondieron: "¡Vimos la señal de humo que enviaste!"

"Un pastor solía sentarse debajo de un árbol en cierto lugar y cuidar un rebaño de ovejas para que pastaran alrededor.

Había tres pedazos de piedra debajo del árbol, que el pastor siempre usaba para hacer fuego y preparar té para sí mismo.

Cada vez que encendía fuego entre las piedras, notaba que una de las piedras estaba fría mientras ardía el fuego, pero no sabía por qué.

Intentó varias veces agarrar algo cambiando el lugar de las piedras, pero todavía hacía frío dondequiera que pusiera la piedra.

hasta que un día fue provocado a conocer el secreto de esta piedra.

Tomó un hacha con él y cortó la piedra por la mitad.

Él suspiró.

Una criatura muy pequeña como un gusano vivía entre las piedras.

Volteó al cielo y agradeció a Dios con lágrimas cubriendo su rostro y dijo:

"Dios, oh Misericordioso, tú que piensas de esta manera sobre Kerami y piensas en su paz, mira lo que has hecho por mí y no rompí la piedra de mi existencia en absoluto para ver tu sello".

"Un día, un hombre tuvo un sueño extraño. Vio que estaba frente a los ángeles y miraba su trabajo.

Al entrar, vio un gran grupo de ángeles trabajando duro, abriendo rápidamente las cartas que llegaban de la tierra por mensajeros y colocándolas en cajas.

El hombre le preguntó a un ángel, ¿qué estás haciendo?

Mientras abría una carta, el ángel dijo:

Esta es la sección de recepción y recibimos las oraciones de las personas y las peticiones de Dios.

El hombre avanzó un poco más, vio a unos ángeles poniendo papeles en sobres y enviándolos al suelo por correos...

Él preguntó: ¿Qué estás haciendo?

Uno de los ángeles dijo apresuradamente: Aquí está la sección de envío, estamos enviando la gracia y la misericordia de Dios a los sirvientes.

El hombre avanzó un poco más y vio a un ángel sentado ocioso...

Le preguntó al ángel con sorpresa: ¿Por qué estás desempleado?

El ángel respondió: Aquí está la parte de confirmación de la respuesta.

Las personas cuyas oraciones han sido contestadas deberían enviar respuestas, pero muy pocas personas lo hacen.

El hombre le preguntó al ángel: ¿Cómo puede la gente enviar respuestas?

El ángel respondió: Muy simple, basta decir: "¡Gracias a Dios!"

"Estaba durmiendo, estaba dormido;

En mi sueño, abrí el libro de mi pasado y revisé los últimos días de mi vida página por página.

Todos los días que lo miraba, había dos pares de huellas a su lado.

Uno es mío y uno es de Dios.

Solía avanzar y ver mis días pasados.

Buenos recuerdos, malos recuerdos, bellezas, sonrisas, dulces, desgracias...

Vi a todos; Pero vi que al lado de unas hojas solo hay un par de huellas.

Miré, todos fueron los días más duros de mi vida.

Días con amargura, miedo, dolor, miseria.

Con tristeza le dije a Dios: "El primer día me prometiste que nunca me dejarías solo.

Nunca me dejarás solo y acepto vivir con esta confianza.

¿Cómo, cómo pudiste dejarme solo con sufrimientos, calamidades y dolor en estos días tan difíciles de mi vida? ¿Cómo?"

Dios me miró con bondad.

Él sonrió y dijo:

"¡mi niño! Te prometí que estaré contigo.

En el día y la noche, en la amargura y la alegría, en la angustia y la felicidad.

Cumplí mi palabra, nunca te dejé solo, nunca te dejé, ¡ni un momento!

Esas huellas que ves en esos días duros son mis huellas cuando te cargué..."

"Un frío día de invierno, cuando Emily regresó a casa, vio la parte posterior de un sobre que no tenía un sello ni el sello de la oficina de correos.

Su único nombre y dirección fueron escritos en el sobre.

Se sorprendió de abrir el sobre y leer la carta dentro:

"Querida Emily...

Vengo a tu casa hoy para conocerte.

Con amor, dios »

Emily, mientras ponía la carta sobre la mesa con manos temblorosas, pensó para sí mismo por qué Dios quería conocerlo.

No era una persona importante.

Fue en estos pensamientos que de repente recordó el gabinete vacío de la cocina y se dijo a sí mismo: "¡No tengo nada que pagar!"

Entonces miró su billetera.

Tenía solo $ 2 y 2 centavos.

Sin embargo, fue a la tienda y compró una píldora de pan francés y dos botellas de leche.

Cuando salió de la tienda, la nieve estaba lloviendo y tenía prisa por llegar a casa y presentar la noche.

En el camino de regreso, vio a un hombre pobre y una mujer sacudiendo el frío.

El pobre hombre le dijo a Emily: "No tenemos casa ni dinero, tenemos mucho frío y tenemos hambre, ¿pueden ayudarnos?"

Emily respondió: Lo siento, ya no tengo dinero y compré estos panes para mi invitado

El hombre dijo: "Está bien, señora, gracias", y luego puso su mano sobre los hombros de su esposo y continuó mudándose.

Cuando el pobre hombre y la mujer se alejaban, Emily sintió un dolor severo en su corazón.

Séjalos rápidamente: señor, señora, por favor espera

Cuando Emily llegó al pobre hombre y una mujer, puso la canasta de comida y luego tiró de su abrigo y se lo arrojó sobre los hombros de la mujer.

El hombre le agradeció y rezó por él.

Cuando Emily llegó a casa, estaba molesta por un momento porque Dios quería conocerlo y no tenía nada que ver con Dios.

Cuando abrió la puerta, vio otro sobre en el suelo.

Recogió la carta y abrió:

"Querida Emily...

Gracias por su buena recepción y hermoso abrigo

con amor. Dios""

Uno de los parientes de Dios

"La noche era Navidad y el clima era frío y nevado.

El niño, mientras movía sus piernas desnudas en la nieve, puede estar menos molesto por el frío en las aceras.

Su rostro estaba pegado al vaso frío de la tienda y miró adentro.

En sus ojos, estaba arrojando algo, como si no hubiera buscado a Dios con los ojos, como si hubiera deseado con los ojos.

La mujer que intentaba entrar a la tienda se detuvo un poco y miró al niño que fue observado y luego entró en la tienda.

Unos minutos más tarde, salió con un par de zapatos en sus manos ...

¡Hola señor!

El niño regresó y fue a la dama.

Sus ojos se impulsaban cuando la señora le dio zapatos, el niño le preguntó sus ojos felices y con una voz temblorosa:

¿Tú eres Dios?

¡No, hijo mío, soy el único siervo de Dios!

¡Ah, sabía que tenías una relación con Dios! "

Karim Khan Zand y Darwish

"Un derviche del derviche estaba cruzando el jardín de Karim Khan Zand.

Sus ojos cayeron sobre el rey y lo señalaron con una mano.

Karim Khan ordenó que el Darwish fuera traído al jardín.

Karim Khan dijo: "¿Cuáles fueron tus pistas?"

"Mi nombre es Karim y tu nombre es Karim y Dios", dijo Darwish.

¿Cuánto cuesta que Karim te diera y qué me dio?

Karim Khan estaba matando a la cachimba; Dijo ¿qué quieres?

"Esta cachimba es suficiente", dijo Darwish.

Unos días después, Darwish tomó la narguile y vendió la narguile.

El comprador de la cachimba no era otro que el que quería ir a Karim Khan y tomar Khan.

Entonces el bolsillo Derviche se llenó de monedas y llevó la cachimba a Karim Khan.

Érase una vez. Darwish fue a Khan para agradecer a Khan.

De repente, sus ojos cayeron sobre la cachimba y señalaron a Karim Khan y le dijeron:

Ni yo karam ni tú; Karim es solo Dios, quien hizo mi bolsillo lleno de dinero y tu narguile está en su lugar ".

"La niña, que no había anotado de la lección algebraica y su mejor amiga la había dejado, fue a su madre y dijo:" ¡Todas las cosas van a suceder! "

La madre que estaba cocinando pastel le preguntó si le gustaba el pastel.

¡Y la niña respondió, por supuesto! Amo tu mano para hornear.

La madre le dio un poco de aceite de pastelería. La niña dijo: "¡Oh ...! ¡Me levanto!

La madre sugirió el huevo crudo y la niña dijo: "¡Odio a Bush!"

Esta vez se volvió hacia su madre y preguntó: "¿Cómo estás con un poco de harina?" Y la niña respondió que lo odiaba.

La madre se volvió hacia su hija con una cara amable y modesta y dijo: "

Sí, todo esto solo se ve mal, pero al mezclarlos en el tamaño y la manera correctos, ¡tendremos un pastel muy sabroso!

Dios también actúa así;

A menudo nos quejamos de los desafortunados eventos de nuestro Señor, mientras que solo él sabe que estas situaciones son necesarias para prepararse en las próximas etapas de la vida y conducir al bien.

Uno debe confiar en Dios y asegurarse de que todas estas situaciones aparentemente desagradables creen un milagro.

Asegúrate de que Dios te ama en el amor porque te envía flores cada primavera y te da el sol todas las mañanas.

Eres el Señor, aunque puede estar en cualquier lugar de este mundo, y es solo que él te escuche cuando quieras decir algo y tienes que ser paciente y seguir estos pasos ... "

"El hombre y una mujer vinieron a Shivana y le pidieron que justificara a sus hijos.

El hombre dijo: "Siempre he tratado de creer en Dios en la vida".

Mi esposa también, pero mis cuatro hijos ignoran los problemas morales y han tomado nuestra reputación en la aldea.

¿Por qué tenemos este problema, aunque tanto mi esposa como yo creemos en Dios?

Shivana les dijo: "Descríbame la construcción de tu hogar".

El hombre respondió con sorpresa: ¿Qué tiene esto que ver con el asunto? El patio es grande y tiene paredes cortas.

Hay un gran edificio en el medio del cual grandes habitaciones con grandes ventanas también son muy completas.

También tenemos un gran almacén en la esquina del patio, a lo largo del patio, la cocina, el baño y el inodoro.

Shivana preguntó: "¿Cuánto Dios tienes en esta gran casa?"

La mujer se preguntó: ¿Qué quieres decir! ¿Puede estar dentro de la casa de Dios?

¡Shivana dijo que sí! ¡No es suficiente para creer! Debemos difundir a Dios durante toda la vida y considerar la parte de Dios en cada parte de nuestras vidas, pensamiento y trabajo.

¿Dime cuánto dejaste para los dioses en cada habitación?

¿Alguna vez has celebrado una ceremonia para los pobres?

¿Se ha utilizado esa cocina para cocinar comida para el camino y vacía?

¿Hay un papel divino en las cortinas que colgó en las ventanas?

Ve a ver cuánto has difundido a Dios en tu vida y dónde puedes encontrar los pasos de Dios.

Si sus cuatro hijos han sido traídos a la vida, esto indica que tiene poco que ver con Dios en esa casa.

Verá la creencia que afirma que está prácticamente en su vida, no solo en sus hijos, sino también a muchos jóvenes y seguidores a su alrededor ".

La existencia de Dios

"Un hombre fue al peluquero para corregir la cabeza y la cara.

En el trabajo, hubo una conversación interesante entre ellos.

Llegaron al tema de "Dios";

"No creo que haya Dios", dijo el peluquero.

El cliente preguntó: ¿Por qué?

El peluquero dijo: "Solo ve a la calle para ver por qué Dios no existe".

Si hubiera Dios, ¿se enfermarían? ¿Encontraron los niños huérfanos? ¿Hubo todo este sufrimiento?

No puedo imaginar al amable dios para permitir que existan estas cosas.

El cliente pensó por un momento pero no respondió; Porque no quería discutir.

El peluquero terminó su trabajo y el cliente salió de la tienda.

En la calle vio a un hombre con cabello largo y sucio, y sin cabello barbudo ...

El cliente regresó y volvió a la peluquería y le dijo al peluquero: "Tampoco creo que los peluqueros estén allí.

El peluquero dijo con sorpresa: "¿Por qué dices esto?" Estoy aquí, ¡te corté el cabello!

El cliente dijo con una protesta: ¡no! Los peluqueros no existen; Porque si hubiera, nadie habría sido encontrado como un hombre afuera, con cabello largo y sucio y cabello barbudo.

El peluquero dijo que no papá; Hay peluqueros, el punto es que la gente no va a nosotros.

El cliente confirmó: ¡Exactamente! Ese es el punto. También hay Dios, solo las personas no vienen a él y no lo siguen.

Es por eso que hay tantos sufrimientos en el mundo ... "

"El legendario campeón de tenis, Arthur, se infectó con el SIDA cuando se sometió a una cirugía cardíaca.

Los partidarios de Arthur de todo el mundo le enviaron cartas amorosas.

Uno de sus amantes escribió en su carta: "¿Por qué Dios te eligió por una enfermedad tan peligrosa?"

Arthursh escribió en respuesta a la carta:

En todo el mundo, más de cincuenta millones de niños están interesados en jugar al tenis y comenzar a entrenar.

Alrededor de cinco millones de ellos aprenden bien el juego.

Alrededor de 500,000 tenis profesional se encuentran entre los 5,000 mejores, y quizás cincuenta mil participan en las competiciones.

Cinco mil personas van a competiciones más especializadas.

Cincuenta personas pueden participar en la competencia internacional de Wimbledon.

Cuatro personas llegarán a las semifinales y dos en la final.

Cuando sostenía la Copa Mundial de Tenis en mis manos, nunca pregunté por qué Dios.

Y hoy, cuando me duele, todavía tengo que preguntarle a Dios: ¿Por qué lo soy? "

"Después de pasar a un joven, decidió dedicar su alma a Dios.

Trabajó con interés durante años, hizo bien a los demás, pero con toda la justicia, las cosas en su vida no parecían correctas.

Incluso sus problemas estaban aumentando.

Una noche, un amigo que vino a ver y fue informado de su difícil situación.

"Es realmente extraño. Justo después de que hayas decidido ser el hombre de Dios, tu vida ha empeorado, no quiero debilitar tu fe, pero a pesar de todo el sufrimiento que te has dado en el camino de la espiritualidad, ¡tu vida no ha mejorado! "

El herrero se detuvo y no respondió de inmediato.

Finalmente, en silencio, encontró la respuesta que quería.

Esta fue la respuesta de un herrero:

"En este taller, el acero crudo se me trae y tengo que convertirlo en una espada.

¿Sabes cómo lo hago?

Primero caliento el acero tanto como el infierno a frito.

Luego, con brutalidad, tomo el boceto más pesado y lo golpeo en una fila, hasta que el acero toma la forma que quiero.

Luego lo sumerjo en la bandeja de agua fría, y todo el taller está vaporizado, el acero susurra y sufre debido a este cambio repentino de temperatura.

Tengo que repetir esto hasta que obtenga la espada que quiero. ¡No es suficiente una vez! "

El herrero guardó silencio por un tiempo y luego continuó:

"A veces el acero que me llega no puede manejar esta operación. El calor, las palizas y el agua fría deje todo.

Sé que este acero nunca será una buena espada.

"Es entonces cuando lo pondría en la masacre del taller".

Se detuvo de nuevo y luego continuó:

"Sé que estoy cayendo en el fuego del sufrimiento.

He aceptado las palizas que mi vida me ha puesto, y a veces me siento frío.

Es como si fuera un acero que sufra de ser regado, pero la única oración que tengo en Dios es:

Dios mío, no renuncies a lo que me pidiste que tome la forma que quieres.

Continúe de la manera que desee, cuando sea necesario;

Pero nunca, nunca me tire a la montaña de aceros inútiles .

"Un día, un empleado de la oficina de correos que recibió cartas con una dirección desconocida encontró una carta escrita en su sobre" una carta a Dios "

Pensó para sí mismo que era mejor abrir la carta y leer.

En la carta fue escrita:

"Mi querido Dios, soy viuda de un ochenta y tres años que vive con pequeños salarios de jubilación.

Ayer, una persona robó mi bolso con cien dólares.

Este era todo el dinero que tuve que gastar para fin de mes.

El domingo es Eid la próxima semana e invité a dos de mis amigos a cenar, pero sin ese dinero no puedo comprar nada.

No tengo a nadie para pedirle prestado dinero.

Eres la única esperanza, mi única esperanza, ayúdame ... "

El empleado de la oficina de correos estaba muy impresionado y mostró la carta a sus otros colegas.

El resultado fue que todos registraron sus bolsillos, cada uno con unos pocos dólares en la mesa.

El jefe de los noventa y seis dólares fue recaudado y enviado al viejo ...

Todo el personal de la oficina de correos estaba feliz de poder hacer el bien.

Eid terminó y pasó unos días, hasta que otra carta llegó a la oficina de correos, que todavía estaba escrita: "Una carta a Dios"

Todo el personal se reunió para abrir la carta y leer. El tema de la carta fue el siguiente:

"Mi querido Dios, ¿cómo puedo agradecer lo que hiciste por mí?

Gracias a ti, pude proporcionar una buena cena para mis amigos y pasar una buena noche juntos.

Les dije qué buen regalo me enviaste ...

Por supuesto, había cuatro dólares que estoy seguro del personal de la oficina de correos ".

Fe y cuerda

"El escalador quería conquistar la cumbre lo antes posible, por lo que aunque era tarde y el clima estaba lentamente oscuro, continuó subiendo en lugar de tiendas de campaña, hasta que el clima estaba completamente oscuro.

La oscuridad de la noche en las montañas estaba siguiendo y el escalador no podía ver nada, pero sabía que estaba a solo unos pasos de la cumbre.

En la oscuridad de la noche, y en ese horrible valle, de repente, justo cuando vio su muerte de cerca, sintió la cuerda que estaba cerrada alrededor de su cintura.

La cuerda estaba pegada a la roca o la raíz del árbol o algo más en el que la oscuridad de la noche estaba atascada, y el escalador estaba suspendido entre el cielo y la tierra.

Fue solo la cuerda la que lo mantuvo, y no había otra manera que solo mirar hacia arriba y gritar: Dios me ayude ...

De repente escuché del corazón del cielo:

-¿que quieres de mi?

-Sálvame

-¿Te seguro que puedo salvarte?

-Yes, creo, he creído en ti toda mi vida.

-En luego cortar la cuerda que está cerrada a tu espalda ... ¡!

Un momento en silencio y el escalador decidió ...

Con toda su poder, se aferró a la cuerda y trataba de mantenerse constante para que la cuerda estuviera desgarrada en sus choques y caería al fondo de un valle debajo de sus pies y no podía verla en la oscuridad.

Al día siguiente, el grupo de rescate informó que se encontró el cuerpo congelado del escalador, mientras colgaba de una cuerda y dos manos aferradas con fuerza, estaban a solo un metro del suelo ... "

"Una juventud anónima se enamoró del reino.

El sufrimiento de este amor tuvo muchos problemas para él, no pudo encontrar una manera de llegar al amado.

Un hombre astuto del rey más triste que vio su sincero y le dijo porque lo encontró como un joven simple y bueno.

"El rey es el conocimiento del conocimiento, si siente que eres un siervo de los siervos de Dios, vendrá a ti".

El joven, con la esperanza de llegar al amado, estaba ansioso por adorar y adorar, por lo que estaba un poco fascinado por la adoración y los efectos de la sinceridad se manifestaron.

Un día, el pasaje del rey cayó a su lugar, pidiendo su situación y sabía que el joven era un siervo de los siervos de Dios.

Allí le pidió que fuera a su hija y le preguntara.

El joven pidió la oportunidad de pensar y el rey le dio un tiempo.

Tan pronto como el rey dejó ese lugar, el joven reunió sus pertenencias y fue a un lugar desconocido.

Nadim King se sorprendió por el comportamiento joven y buscó al joven para que supiera la razón de la decisión.

Después de una larga búsqueda, la encontró.

Él dijo: "Estabas tan inquieto al llegar a la hija del rey, ¿por qué huyaste cuando el rey vino a ti y le pidió a su hija que se casara con su hija?!"

El joven dijo: "Si esa falsa servidumbre al amado, trajo el reino a mi casa, ¿por qué no caminar en la verdadera servidumbre y no ver al rey del mundo en mi casa?"

"Una mujer con vestidos antiguos y una mirada entró en la tienda de comestibles y humildemente le pidió al comerciante que le diera un poco de comida.

Lentamente y avergonzado, dijo: "Su esposo está enfermo y no puede trabajar y sus hijos quedan fuera de la comida".

¡El comerciante ignoró su lugar y pidió un mal humor para que la mujer saliera de su tienda!

La mujer necesitada, mientras insistió, dijo: "Señor, a Dios, tan pronto como pueda, hago su dinero".

El vendedor dijo que no daría.

Otro cliente que se paró junto al mostrador y escuchó su conversación le dijo al comerciante: "¡Mira lo que la dama quiere, compra a esta dama conmigo!"

"No tienes que hacer humanidad por dos sexos", dijo una tendra ridícula. Puede tomar gratis »

Luego se volvió hacia la mujer y dijo con voz cruel: "¿Cuándo tu lista de compras? ¡Pon la lista en la balanza, tanto como su peso, lo que quieras! "

La mujer, cuya cara era tímida, se detuvo por un momento, después de un trozo de papel, escribió algo detrás de ella y lo puso en la balanza.

¡Todos vieron la balanza hacia abajo!

La tienda de comestibles no lo creía.

El cliente se rió de satisfacción.

El comerciante comenzó a poner sexo en la balanza con incredulidad.

Las escalas no igualaron.

¡Tenía que decirlo tanto que las patadas eran iguales!

La tienda de comestibles devuelve el papel con una sorpresa a la hoja de papel.

Detrás de la lista de compras se escribió:

"Dios Karim, lo necesitas con las noticias, hazlo tú mismo"

Genghis Khan y Hawk Bird

Una mañana, Genghis Khan Mongol y sus cortesanos salieron a cazar. Sus compañeros recogieron su arco, y Genghis Khan puso a su amado Shahin en su antebrazo. El halcón era más preciso y mejor que cualquier flecha, porque podría levantarse en el cielo y ver lo que el hombre no podía ver.

Ese día, a pesar de todo el entusiasmo del grupo, no cazaron. Genghis Khan regresó al campamento, pero dejó el grupo para no debilitar la moral de sus compañeros y decidió caminar solo.

Eran más que en el bosque, y Khan estaba cerca de la fatiga y la sed. El calor del verano se había secado todos los arroyos y no encontró agua hasta que la vena azul fluía de una piedra. Khan salió del halcón de su brazo y recogió su pequeña taza de plata, que siempre estaba con él. Tomó mucho tiempo llenar la copa, pero cuando quería acercarla a sus labios, el Halcón lo salió de su mano.

Genghis Khan estaba enojado, pero el halcón era su amado animal, tal vez tenía sed. Recogió la taza, sacó la tierra y la llenó nuevamente.

Pero la copa no estaba llena hasta que el halcón fue arrojado nuevamente y derramó el agua. Genghis Khan amaba a su animal, pero no debería dejar que nadie le falte al respeto de ninguna manera, porque si alguien viera la escena desde lejos, entonces les diría a sus soldados que el Gran Conquistador no podía contener un pájaro simple.

Esta vez, la espada salió de la vaina, recogió la taza y comenzó a llenarla. Uno tenía los ojos en el agua y el otro al Halcón. Tan pronto como se llenó la copa y quería beberla, el Halcón volvió a alas y lo atacó. Genghis Khan con un golpe preciso para romper el cofre de halcón.

Pero el otro agua estaba seca. Genghis Khan, quien estaba decidido a beber agua de cualquier manera, salió de la roca para encontrar la fuente. Pero sorprendentemente, se dio cuenta de que era un pequeño estanque de agua y en el medio es una de las serpientes más venenosas de la zona. Si hubiera comido agua, no habría estado entre los vivos. Khan abrazó a su muerto Shahin y regresó al campamento. Ordenó una estatua dorada de este pájaro y grabó en una de sus alas:

Un amigo, incluso cuando haces algo que no te gusta, sigue siendo tu amigo.

Y escribieron en sus otras alas:

Cualquier acto de ira está condenado al fracaso.

Era un niño joven y hermoso que pensó que tenía que casarse con la niña más hermosa del mundo. Pensó que sus hijos se convertirían en los niños más bellos de la tierra. El niño estaba buscando una esposa única por un tiempo. No pasó mucho tiempo antes de que el niño conociera a un anciano con tres hijas inteligentes y hermosas.

El niño le pidió al anciano que se encontrara con una de sus hijas.

El anciano respondió: ninguna de mis vidas se ha casado y sabes a quien quieras.

El niño estaba feliz. A la vieja le gustaba el anciano y se conoció.

Unas semanas más tarde, el viejo fue al anciano y me dijo y dijo: "Señor, su hija es muy hermosa, pero tiene un pequeño defecto". ¿No entendiste? Tu hija es un poco gorda.

El anciano confirmó sus palabras y sugirió a su segunda hija al niño.

El niño conoció a la segunda hija del anciano e hizo una cita pronto.

Pero unas semanas más tarde, el niño fue al anciano nuevamente y dijo: "Tu hija es muy buena, pero creo que tiene un pequeño defecto". ¿No entendiste? Tu hija es un pequeño equipaje.

El anciano confirmó sus palabras y sugirió a su tercera hija al niño.

Pronto el niño se hizo amigo de la tercera chica y se unió.

Una semana después, el viejo fue al anciano y dijo con emoción: "Tu hija es como un jazmín, el que estaba buscando". ¡Si me dejas soñar y casarme con tu tercera hija!

Poco después, el niño se casó con la tercera hija del viejo. Unos meses más tarde, su esposa dio a luz a una niña.

Pero cuando el niño vio la cara del bebé, fue golpeado con el horror.

Era el niño más feo en ver su vida. El niño estaba muy triste y fue al padre de su esposa y dijo con Gale: "¿Por qué somos tan hermosos y buenos, pero nuestro bebé es tan feo?"

El anciano respondió: "Mi tercera hija era una niña muy buena antes, pero tenía un pequeño defecto. ¿No entendiste? ¡Estaba embarazada antes de conocerte!

Un día, dos amigos cruzaban una carretera en el desierto. Después de unas pocas horas, no estuvieron de acuerdo y controvertidos. Cuando se planteó su disputa, uno de los dos amigos de repente como su otro amigo. Escribió una inundación firme. Amigo que había sido inundado escribió en la arena del desierto:

Hoy mi mejor amigo me disparó.

Luego continuaron en su camino para llegar a una resurrección. Como estaban muy cansados, decidieron descansar por un tiempo junto al estanque.

De repente, un amigo que tenía una inundación se resbaló y cayó en el estanque.

Se ahogó lentamente cuando su amigo agarró su mano y lo salvó. Después de eso, talló esto en una roca al lado del estanque:

Hoy mi mejor amigo me salvó de la muerte.

Después de eso, su amigo preguntó qué era eso.

Cuando escribiste una inundación en la arena, ¿escribiste esa oración y ahora la tallaste en la piedra?

Su amigo respondió que cuando alguien nos molestó alguien, tuvimos que escribirlo en la arena para llevar los vientos. Pero cuando alguien está bien, tenemos que grabarlo en la piedra para que ningún viento pueda olvidarlo.

Un día, el rey pidió a cada uno de sus tres ministros que tomaran una bolsa e iran al jardín del palacio y llenen las bolsas para el rey con frutas y cultivos frescos. Los ministros estaban sorprendidos por la orden del Shah y cada bolsa fue llevada al jardín ...

El primer ministro, que buscó satisfacer al Shah, recolectó las mejores frutas y los cultivos de la más alta calidad y eligió constantemente lo mejor hasta que se llenó su bolso.

Pero el segundo ministro pensó para sí mismo que el rey no quería estas frutas para sí mismo y no las necesitaba y no miraba dentro de la bolsa, por lo que comenzó a reunirse con pereza y negligencia y no separaría lo bueno y lo malo hasta que la bolsa llenara con frutas. Y el tercer ministro, que creía que al Shah no le importaba el contenido de la bolsa, llenó la bolsa de hierba y hojas ...

Al día siguiente, el rey ordenó que los ministros fueran traídos con las bolsas que llenaron ...

Cuando los ministros llegaron al Shah, ordenó a sus soldados que tomaran tres ministros y la encarcelen a cada uno con su bolso durante tres meses. En una prisión lejana donde nadie consigue su mano y no tiene agua ni comida. El primer ministro comió constantemente las buenas frutas que había recogido hasta que terminó tres meses. Pero el segundo ministro pasó los tres meses con la dureza y el hambre y la cantidad de nuevas frutas que había recolectado. Y el tercer ministro murió antes de que finalice el primer mes.

"Un hombre se despertó temprano en la mañana para rezar en la casa de Dios. Ponte la ropa y se fue a casa. En el camino a la mezquita, el hombre cayó y su ropa estaba sucia. Se levantó, se limpió y regresó a casa. El hombre cambió de ropa y fue a la casa de Dios nuevamente. ¡En el camino a la mezquita y en el mismo punto cayó de nuevo! Se levantó de nuevo, se limpió y regresó a casa. Una vez más se cambió de ropa y fue a la casa de Dios. En el camino a la mezquita, trató al hombre con las luces en la mano y le preguntó su nombre. El hombre respondió: Vi que te cayó a la mezquita dos veces en el camino. Así que traje una luz para poder encender tu camino. El primer hombre está muy agradecido por él, y ambos continúan sus caminos hacia la mezquita. Cuando llegaron a la mezquita, el primer hombre le pide al hombre ligero que ingrese a la mezquita y ore con él. El segundo hombre se niega a entrar en la mezquita. El primer hombre repite su solicitud dos veces y escucha la misma respuesta nuevamente. El primer hombre pregunta por qué no quiere entrar en la mezquita y rezar. El segundo hombre respondió: Yo soy el diablo. Al primer hombre se le ocurrió esta respuesta.

El diablo continúa diciendo: te vi camino a la mezquita y fui yo caer. Cuando fuiste a casa, te limpiaste y volviste a la mezquita, Dios perdona todos tus pecados. Me enamoré de ti por segunda vez, e incluso te animé a que te quedes en casa, pero volviste a la mezquita. Por eso, Dios perdonó todos los pecados de tu familia. Tenía miedo de que si una vez más te haga caer, entonces Dios perdonará los pecados de tu pueblo; Entonces, te hice seguro para la casa de Dios (mezquita) ".

El resultado moral de la historia: no posponga el buen trabajo que pretende hacer; Porque nunca se sabe cuánta recompensa y recompensa puede recibir de las dificultades mientras intenta hacer el bien. Su lástima puede salvar a su familia y a su fuerte. Haz esto y mira la victoria de Dios.

Un niño que estaba listo para el nacimiento fue a Dios y le preguntó: "Mañana me estás enviando al suelo, pero ¿cómo puedo ir allí por este poco y sin ninguna ayuda?" Dios respondió: Entre muchos de mis ángeles tengo uno para ti, él te mantendrá, pero el niño aún no se aseguró de que quiera ir o no. No lo hago, y estos son suficientes para mi felicidad. Dios sonrió: Tu ángel te cantará y te sonreirá todos los días. Sentarás su amor y el niño estará feliz. ...

Dios lo acarició y dijo: "Tu ángel, las palabras más hermosas y dulces que escuches le susurrarán en tu oído y te enseñará cuidadosamente y pacientemente cómo hablar". "¿Qué puedo hacer cuando quiero hablar contigo?" Pero Dios también respondió a esta pregunta: tu ángel juntará tus manos y te enseñará cómo rezar. El niño volvió la cabeza y preguntó: "Escuché que hay personas malas en la tierra, ¿quién me protegerá?" Tu ángel te cuidará, incluso si es a expensas de su vida. "Pero siempre estaré molesto porque ya no puedo verte", el niño continuó preocupándose. El Señor sonrió y dijo: "Tu ángel siempre me hablará sobre mí y te enseñará el camino de regreso a mí, aunque siempre estaré contigo, el cielo en ese momento, pero se escucharon voces de la tierra". El niño se dio cuenta de que tenía que comenzar su viaje pronto.

Lentamente le hizo a Dios otra pregunta: ¡Dios! Si tengo que ir ahora mismo, entonces dime el nombre de mi ángel ... Dios acarició su hombro y respondió: "El nombre de tu ángel no importa, puedes llamarlo una" bendición ".

Un hombre fue al peluquero para corregir su ruido en medio de una conversación interesante entre ellos.

Hablaron de cosas diferentes cuando llegó al tema de Dios.

El peluquero dijo: "No creo que Dios exista".

El cliente preguntó: "¿Por qué no crees?"

El peluquero respondió: "Es suficiente ir a la calle para ver por qué Dios no existe?" ¿Dime si Dios tenía tantas cosas enfermas? ¿Encontraron los niños huérfanos? Si hubiera Dios, hubo un sufrimiento?

No puedo imaginar a un Dios amable que le permita sufrir tanto sufrimiento.

El cliente pensó por un momento, pero no respondió porque no quería discutir.

El peluquero terminó y el cliente salió de la tienda tan pronto como salió de la tienda, vio a un hombre con cabello largo y sucio, y no había corregido su apariencia.

El cliente regresó y volvió a la peluquería y le dijo al peluquero: "¡Sabes qué!" En mi opinión, no hay peluqueros.

El peluquero dijo: "¿Por qué dices esto?" Estoy aquí. Tengo un peluquero. Acabo de cortarte el cabello.

El cliente protestó: "No existen peluqueros porque si no hubiera nadie se hubiera encontrado como un hombre afuera con cabello largo, sucio y barbudo".

El peluquero dijo: "¡No, papá!" Los peluqueros existen es que las personas no vienen a nosotros.

El cliente enfatizó: este es exactamente el punto. Dios existe. Solo las personas no vienen a él y no lo buscan.

¡Por eso hay tantos sufrimientos en el mundo!

Oh Dios, entonces, ¿dónde estás?

¿Dónde trabajé mal para darme las manos?

Dios, ¿dónde trabajé mal que ya no te siento en mi corazón?

Dios, ¿dónde trabajé mal que "Allah Allah Todopoderoso" no consolar a mi corazón?

Dios, ¿dónde trabajé mal cuando era un castigo?

Cuanto más miramos su dirección, menos llegaré al destino y me pierde

En mi patio trasero nadie ....

Dios se calma este tormentoso mar de mi corazón

Mi bote se ahoga, una tolerancia interminable de esta tormenta

No quiero un milagro

Es solo Dios quien ...

Se puede llamar con una boca cerrada ...

También puede ir con un pie roto ...

El único comprador es mejorar los productos rotos ...

Es el único que se queda cuando todos van ...

Cuando todos se volvieron hacia atrás, abre los brazos ...

Cuando todos están solos, es confidencial ...

Y el único rey es ...

¡Su corazón está tranquilo, no castigando ...!

Siempre y en todas partes ...

Cuando te doy todas las cosas

Tu luz infinita fluye en mí;

Y la oración se manifiesta de la mejor manera posible. . .

Así que ahora te dejo en tus brazos

Hasta toda mi confusión y confusión,

En la presencia segura y cálida de tu

Se derrite lentamente y desaparezca. . .

¿Sabes lo que estaba diciendo cuando Dios estaba haciendo?

dijo:

A dónde vas allí está la gente que rompe.

Que te afliges. No estás solo.

Me enamoré de la mochila de Barty, dejo la paciencia para ir ...

Puse el corazón que se está moviendo ...

Me desgarro para acompañarlo ...

Y la muerte que sabes volverá a mí ...

Dios tengo algo en mi pobre cabaña

Que no tienes en tu trono de llegada

Soy porque tienes y

Eres porque eres

usted no tiene

Cuanto más pequeño estaba pensando. Pensé que la lluvia era las lágrimas de Dios.

¿Pero Dios también llora?

Me gustaba caminar bajo la lluvia para oler a Dios

Para traer las lágrimas de Dios en un tazón

¡Bebo un poco hasta que lo extraño para estar limpio y el cielo!

El cielo era gris. Mi corazón estaba nublado

Sentí que los humanos rompieron el corazón de Dios

O ignoraban el recuerdo de Dios, todos dijeron que la lluvia es la misericordia de Dios

Pero mi sentimiento infantil dijo:

Dios bendiga al ser humano

Referencia

Historos cortos de Hussein Abedini

Historias de Akbar Hashemi

Historia de Masoud Abad Parvar

Yo y hermosa Fereydoon Hassanpour

Red Fereydoon Jirani

Printed by Books on Demand GmbH, Norderstedt / Germany